AF559250

Edition Korrespondenzen
Gonçalo M. Tavares

Gonçalo M. Tavares

Herr Calvino und der Spaziergang

Aus dem Portugiesischen von Michael Kegler
Mit Zeichnungen von Rachel Caiano

Edition Korrespondenzen

Deutsche Erstausgabe

Gesetzt aus der Minion Pro
Die Zeichnung auf der Einbandrückseite stammt vom Autor.
Gesamtherstellung: Interpress, Budapest

www.korrespondenzen.at

ISBN 978-3-902951-58-8

Inhalt

Drei Träume

Calvinos erster Traum

Aus dem dreißigsten Stock oder höher wirft jemand Calvinos Schuhe und seine Krawatte zum Fenster hinaus. Calvino bleibt keine Zeit nachzudenken, er ist spät dran, stürzt sich also auch aus dem Fenster, wie bei einer Verfolgungsjagd. Noch in der Luft gelingt es ihm, seine Schuhe zu fangen. Erst den rechten: Er zieht ihn an. Dann den linken. Im freien Fall durch die Luft sucht er nach einer geeigneten Position, um sich die Schuhe zu binden. Beim linken Schuh gelingt es ihm nicht gleich, er versucht es noch einmal, dann schafft er es. Er schaut nach unten, der Boden ist schon zu erkennen. Nun noch die Krawatte. Kopfüber fischt er sie schnell mit der rechten Hand aus der Luft und bindet hastig, aber mit geübten Fingerbewegungen den Knoten: Die Krawatte sitzt. Er wirft einen weiteren Blick auf die Schuhe: Die Schnürsenkel sind zu; er zieht noch einmal die Krawatte fest. Gerade noch rechtzeitig, nun ist es so weit: Tadellos kommt er unten an.

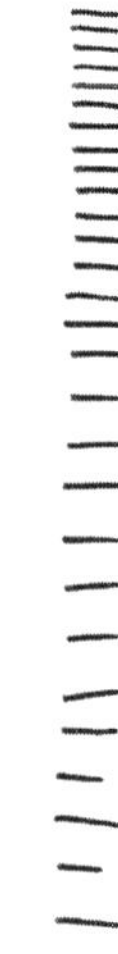

Calvinos zweiter Traum

Da plötzlich ein Schmetterling. Calvino macht alle Fenster zu: Er will nicht, dass er verschwindet.

Der Schmetterling lässt sich dort nieder, wo Calvinos Schatten liegt, als sei dieser ein Boden – ein feiner, schwarzer Teppich – und nicht nur Einbildung. Dann fliegt er weiter, ans Bein einer schönen Frau mit einem sehr kurzen Rock, fliegt zum Tisch weiter und landet auf den offenen Seiten eines Mathematikbuchs. Calvino erkennt: Der Schmetterling hat seine Füßchen auf eine quadratische Gleichung gesetzt. Calvino betrachtet sie – die Gleichung –, dann den Schmetterling, der weiterfliegt in die Küche. Calvino verfolgt ihn, es läuft ihm eiskalt den Rücken herunter. Auf dem Tisch liegt ein rohes Stück Fleisch. Der Schmetterling flattert herum, um das Fleisch, Calvino kann ihn gerade noch mit der Hand wegscheuchen – manches bringt Unglück, wenn man es zusammenbringt. Der Schmetterling flattert weiter, landet auf einem Bild, flattert weiter und kommt nah an Calvinos rechtes Ohr. Calvino spürt, wie sich die Farben seinem Gehör nähern, und muss lächeln. Er lächelt weiter, als sich der Schmetterling durch seinen Gehörgang Schritt für Schritt, Flügel für Flügel in seinen Kopf zwängt. Jetzt ist er drin und flattert wieder herum, klappt seine Flügelchen auf und zu, und Calvino ist es sehr angenehm, er fühlt sich wohl: als müsse er sich von nun an keine Gedanken mehr machen, die Welt sei endlich vollkommen durchdacht und vollständig, und der Mensch müsse auf nichts mehr verzichten. Calvino ist glücklich.

Doch noch im Traum wacht Calvino auf. Ein schlimmer Kopfschmerz, der anscheinend nicht vergehen will.

Calvinos dritter Traum

So sehr ist er mit seinem Geschäftspartner in eine Diskussion über prozentuale Beteiligungen vertieft, dass er gar nicht bemerkt, was mit ihnen geschieht: Sie werden von einem Wal verschluckt. Im Magen des Wals feilscht Calvino weiter. Jetzt wird auch deutlich, um welche Art von Geschäft es sich handelt; es geht um Erdöl und Bücher. Wer bekommt was? Eine hitzige Diskussion, und Calvino steigert sich weiter hinein; kehrt dann seinem Partner den Rücken und geht auf die Straße: Er sieht die Leute dort auf und ab gehen. Die wenigen, die es nicht eilig haben und stehen bleiben, streiten ebenfalls, auch um Prozente: 30, nein, 37, nein, nein, 32! Alle streiten, und er selbst kann nicht anders und sagt zu sich selbst immer wieder: 43 %, 43 % und nicht weniger!

Doch gleichzeitig bleibt das Gefühl, dass sie alle im Magen des Wals sind und alle, die er in der Stadt hin und her hasten sieht und die, wie er, um Prozente feilschen, schon lange gefressen wurden.

Der Ballon

Manchmal ging Calvino eine ganze Woche lang mit einem aufgeblasenen Ballon durch die Stadt. Er ging damit seinen gewohnten alltäglichen Dingen nach, ohne die kleinste Abweichung: die üblichen Wege, das laute und überzeugende Guten Morgen!, mit dem er jede Person, der er im Viertel begegnete, einzeln begrüßte, jede Bewegung bei seiner Arbeit, das geregelte Abendessen, das unregelmäßige Mittagessen, feste Uhrzeiten und seine geradezu klassische Pünktlichkeit, seine konservative, zurückhaltende Art, sich zu kleiden, zu lächeln, nichts änderte sich – vom Aufstehen am Morgen, bis er abends zu Bett ging – mit einer Ausnahme: Mit der Präzision eines Uhrmachers hielt er zwischen Daumen und Zeigefinger der rechten Hand die Schnur eines prall aufgeblasenen Luftballons und ließ sie den ganzen Tag über nicht los. Auf der Arbeit, zu Hause, im Lebensmittelgeschäft, wo er hin und wieder nach *Äpfeln mit rosigen Wangen wie unschuldige Mädchen* verlangte, im Café, unterwegs, mal schneller, mal langsamer, wenn er aufrecht stand und auch wenn er sich setzte, ließ Herr Calvino den Ballon nicht los, voller Sorge, er könne sonst platzen.

Manchmal band er ihn sich am Handgelenk fest.

Wenn es bei seiner Arbeit nicht anders ging und er beide Hände frei haben musste, band er den Luftballon mit der

Schnur an den Griff einer Schublade, und der Ballon blieb bei ihm, still, aber immer da, ganz so wie die Familienfotos, die sich andere Kollegen auf den Schreibtisch stellten. Wenn seine innere Natur es verlangte, nahm er den Ballon mit auf die Toilette und befestigte ihn mit der nötigen Vorsicht – wie man einen zerbrechlichen Krug auf eine wackelige Oberfläche stellt – mit dem Faden am Türgriff und sah sich beinahe verpflichtet zu sagen, so zärtlich, wie manche Personen mit Tieren reden: *Warte hier kurz.*

Im Bus und in der Bahn, wenn dort Gedränge herrschte, hob Herr Calvino den Ballon hoch über seinen Kopf und bemühte sich, ihn dort am ausgestreckten Arm die ganze Fahrt über zu halten, damit er nicht aus Unachtsamkeit platzte. Zu Hause befestigte er den Ballon vor dem Schlafengehen am Nachttisch, erst dann schlief er ein.

Einem Gegenstand (und sei es nur für ein paar Tage) solch außergewöhnliche Aufmerksamkeit zu widmen, war für Calvino eine wichtige Übung zur Schärfung seines Blicks auf die Welt. Der Ballon war letztendlich ein simples Verfahren, um auf das Nichts zu verweisen. Dieses im Sprachgebrauch als Ballon bezeichnete System umschloss mit einer sehr dünnen Latexschicht einen winzigen Teil der gesamten Luftmenge der Welt. Ohne die bunte Schicht Latex bliebe die nun deutlich aus der übrigen Atmosphäre hervorgehobene Luft völlig unbeachtet. Die Wahl der Farbe des Ballons hieß für Herrn Calvino, dem Unbedeutenden Farbe zu geben. Als könne er die Entscheidung treffen: Heute ist das Unbedeutende blau.

Außerdem zwang ihn die kaum zu ertragende Empfindlichkeit des Ballons zu einer Reihe von schützenden Bewegungen, die Calvino daran gemahnten, wie klein der Schritt war von seinem so großen und prallen Leben zu dem ebenso großen und mächtigen Tod, der ihn ständig umgab und ihn wie ein fremdes, aber sehr lautes Insekt ununterbrochen umschwirrte.

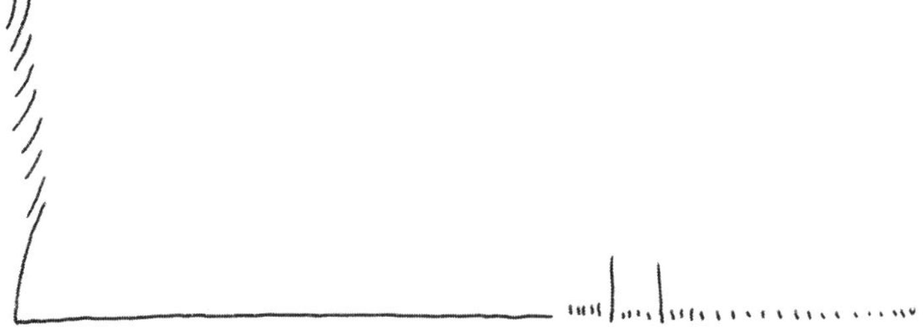

Das Fenster

Eins der Fenster von Herrn Calvino, das mit der besten Sicht auf die Straße, war von zwei Gardinen verdeckt, die man dort, wo sie sich in der Mitte trafen, zuknöpfen konnte. An der einen Gardine, der rechten, waren Knöpfe, an der anderen die entsprechenden Knopflöcher.

Wollte Calvino aus diesem Fenster sehen, musste er erst jeden der sieben Knöpfe aufknöpfen. Dann erst schob er mit der Hand die Gardinen beiseite und konnte hinaussehen, die Welt beobachten. Am Ende, wenn er gesehen hatte, zog er die Gardinen wieder zusammen, knöpfte jeden Knopf einzeln zu. Es war ein Fenster zum Zuknöpfen.

Wenn er morgens das Fenster öffnete, langsam aufknöpfte, spürte er in seiner Tätigkeit jene erotische Intensität dessen, der zart, aber auch gierig eine Geliebte entkleidet.

Dann sah er ganz anders zum Fenster hinaus. Als sei die Welt nichts zu jeder Zeit frei Verfügbares, sondern etwas, das ihm und seinen Fingern eine Abfolge präziser Bewegungen abverlangte. Die Welt hinter diesem Fenster war nicht dieselbe.

Buchstaben (Suppe)

Vorsichtig wischte sich Herr Calvino mit einer Serviette Buchstabenreste vom Mund, manchmal entwischte ihm einer. Diesmal war ihm nach dem Mittagessen rechts am Kinn ein A hängen geblieben.

Nun, beim Blick in den Spiegel, sah sich Calvino gezwungen, die Widerständigkeit dieses Buchstabens gegenüber seinen zuvor heftigen Serviettenbewegungen zu bewundern, er betrachtete also dieses A, wie man einen Bergsteiger beobachtet, der sich verzweifelt festklammert, um nicht abzustürzen. Der Buchstabe schien sich tatsächlich zu sträuben und geradezu – Calvino fiel genau dieses Wort ein – um Erbarmen zu bitten.

So beschloss Herr Calvino an diesem Tag, weniger genau hinzusehen. Etwas an dem Anblick hatte ihn sehr berührt.

Er ging also in dem vollen Bewusstsein hinaus auf die Straße, dass ihm ein kleines A, also a, rechts am Kinn hing.

Mehrere Leute starrten auf diesen alphabetischen Ausbruch, und Calvino blieb nicht verborgen, wie sich völlig Unbekannte erst im letzten Moment noch zurückhalten konnten, um ihm nicht laut zu sagen: Verzeihung, Sie haben ein A am Kinn! Aber niemand traute sich wirklich.

Er selbst wollte nichts tun, um es zu beschleunigen: Zu gegebener Zeit würde das A vom Kinn abfallen. Calvino hatte beschlossen, es dem Schicksal zu überlassen, dem natürlichen Lauf der Dinge.

Probleme und eine Lösung

Herr Calvino war sehr groß, und sein Bett passte nicht dazu.

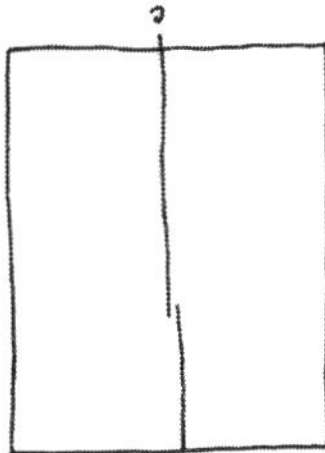

Wenn er so schlief wie in der Zeichnung oben, stand sein Kopf über. Dann spürte er seine Gedanken einen nach dem anderen hinaustropfen, wie aus einem löcherigen Wasserbehälter. Wenn er aufwachte, war er leer und antriebslos.

Schlief er andererseits so

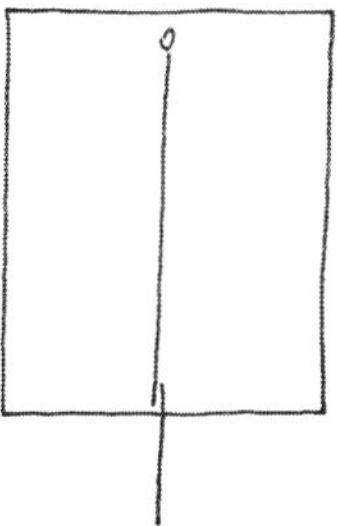

hingen die Füße über, und er wurde das Gefühl nicht los, dass er stürzte. Das Schlimmste war nicht einmal das Gefühl zu stürzen, sondern dass kein Boden in Sicht kam. Er wachte erschöpft auf.

Deswegen schlief Herr Calvino stets diagonal.

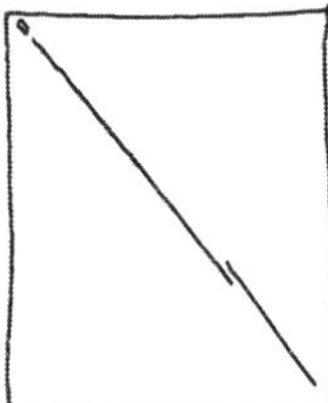

So stand nicht nur kein Teil seines Körpers über, sondern er hatte auch das Gefühl, auf diese Art schneller durch die Nacht zu kommen.

Kaum eingeschlafen, war er schon wieder wach.

Calvinos Tier

Morgens ging Calvino in die Küche, um seinem Gedicht Futter zu geben. Das Biest verschlang alles: Kein Nahrungsmittel, das ihm nicht schmeckte oder zuwider war – und alles war ihm Nahrung.

Gegen Ende des Tages, wenn alles Wichtige erledigt war, streichelte Herr Calvino ihm zärtlich und mit der geschickten Beiläufigkeit eines Harfespielers das Fell. Dann verlangsamte sich das Universum und nahm die intelligente Ruhe von Kleinkatzen an.

Weniger einfach war es, das Gedicht zu baden, es sträubte sich gegen die Sauberkeit und verlangte zappelnd nach der unbändigen Freiheit, die nur der Schmutz bieten kann. Noch schwieriger war es, das Biest zu impfen. Dann zeigte es Herrn Calvino tatsächlich die Krallen. Lieber wurde es krank, als sich Medizin geben zu lassen.

Eines Tages stürzte das Tier aus dem zweiten Stock und war tot.

Am nächsten Tag nahm Calvino ein anderes bei sich auf.

Und gab ihm den gleichen Namen.

Strategische Figur

Über das unermüdliche Handeln einer faulen Figur, die im Leben nur einen Vorwand sah, auszuruhen, erzählt Herr Calvino Folgendes:

Sie zog sich zurück, bis es nicht weiter ging. Weiter hinten klaffte der Abgrund.

Sie rückte vor.

Aber nur so weit, um wieder genug Platz zu haben, um sich zurückzuziehen. Nie weiter. Weil es nicht nötig war.

Sie rückte also nur so weit vor, dass sie sich wieder zurückziehen konnte.

Dann zog sie sich wieder so weit wie möglich zurück.

Alle Tage verbrachte sie damit.

Den Abgrund hinter sich, vor sich die Anstrengung.

Zwischen hier und da.

Nachts schlief sie, um wieder zu Kräften zu kommen.

Schlief mal hier und mal da. Nie weiter weg.

Waagrechtes tragen (am Samstagmorgen)

Niemand wunderte sich mehr, trotzdem schauten die Leute.

Immer samstags früh ging Herr Calvino mit einer Metallstange in der Hand durch sein Viertel.

Er trug die Stange aber nicht irgendwie. Calvino trug die Metallstange immer genau waagrecht zum Boden.

– Ich trage nicht nur eine Metallstange – sagte Herr Calvino –, ich trage eine Metallstange *waagrecht zum Boden.*

Daher hielt er die Stange auch mit aller Kraft sehr genau in der Mitte und ließ sie nie los. Wer ihn morgens aus dem Haus kommen sah, erkannte, wie sehr sich die Muskeln seines rechten Arms spannten, um jedes Zittern möglichst zu unterbinden, und staunte, mit welcher Präzision er die Metallstange jede Sekunde genau waagrecht zum Boden hielt.

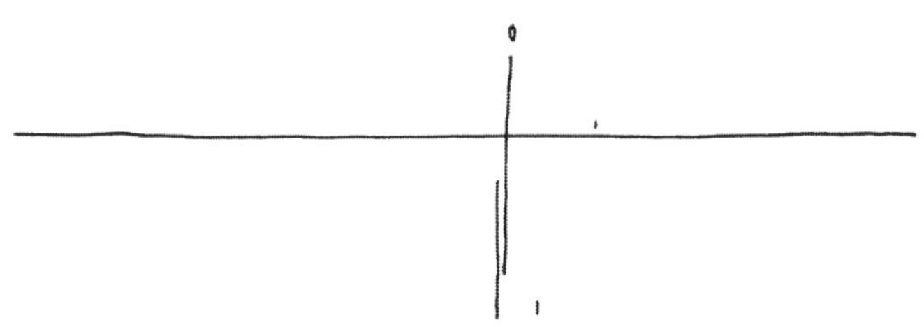

Auf dem Rückweg war es genau andersherum. Nicht nur trug er jetzt die Metallstange in der anderen, seiner linken Hand, sondern auch ganz entspannt, die Arme locker, und ließ die Stange baumeln wie eine Einkaufstasche, der man nicht die geringste Bedeutung beimisst.

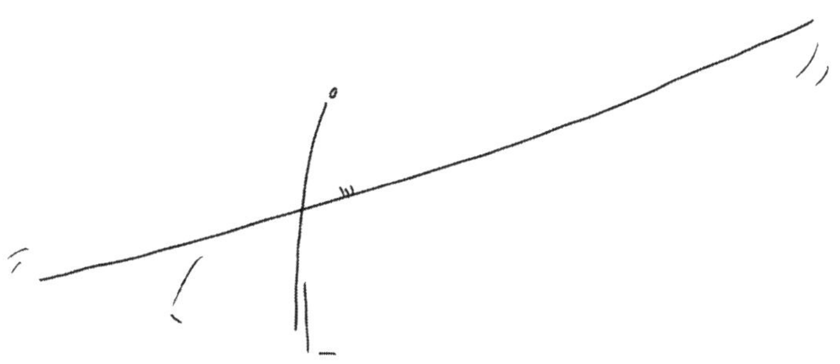

Er hatte dies gleich schon zu Anfang erklärt, deswegen wunderte sich auch niemand mehr über diese plötzliche Wandlung. Bemühte er sich beim Verlassen des Hauses, die Stange genau waagrecht zum Boden zu tragen, so trug Herr Calvino sie auf dem Rückweg nun schräg, was ihn weit weniger Anstrengung kostete.

Da die winzigste Abweichung eine Waagrechte oder auch eine Senkrechte zur Schräge geraten lässt, sollte, wer Stangen genau waagrecht über den städtischen Grund trägt, mit

Gold aufgewogen werden; beweist er doch damit, mit welcher Genauigkeit er sich dem Mittelpunkt einer Sache zu widmen vermag.

Das wäre nur allzu gerecht – dachte sich Herr Calvino und ließ nie nach, sich jeden Samstagmorgen in dieser besonderen technischen, aber auch metaphysischen Fähigkeit zu vervollkommnen.

Spiel

Da sie keine Regeln bestimmt hatten, war nichts klar:

– Wir müssen Regeln festlegen, um zu wissen, wer Sieger ist, Sie oder ich … – sagte Herr Duchamp zu Calvino, nachdem sie die Figuren weggeräumt hatten und das Spiel längst zu Ende war.

– Jetzt, wo das Spiel schon zu Ende ist?

– Es braucht Regeln … – beharrte Herr Duchamp –, damit wir wissen, wer Sieger ist.

– Aber wer legt die Regeln fest? – fragte Herr Calvino.

– Sie oder … ich.

– Wie nun … Sie oder ich?

– Sie fangen an – schlug Herr Duchamp vor –, und am Ende bin ich dran.

– Nein – widersprach Herr Calvino. – Sie fangen an, wir bestimmen abwechselnd Regeln und ich … lege die letzte fest.

– Einverstanden. Zehn?

– Zehn Regeln.

Also fingen sie an, abwechselnd Regeln für das Spiel zu bestimmen, das sie gerade gespielt hatten, und jeder versuchte, es so auszulegen, dass er selbst, wenn auch im Nachhinein, Sieger wäre.

»Der Archäopteryx, Bindeglied zwischen Dinosauriern und Vögeln, der seit 147 Millionen Jahren als ausgestorben gilt, konnte bereits wie die Vögel unserer Zeit fliegen – sagt eine Studie der Zeitschrift *Nature*.«

Es gibt also nichts Neues, dachte Herr Calvino und legte die Zeitung beiseite. Die heutigen Spatzen und jeder Greifvogel unserer Zeit fliegen wie der längst ausgestorbene Archäopteryx. Sie bedienen sich sozusagen der gleichen Technik. Im Grunde erheben sie sich in die Luft (oder halten sich in ihr), ohne herabzufallen. Nicht herunterzufallen liegt ihnen in der Natur, und sie haben verstanden, dies beizubehalten, was für sich noch kein Fehler ist. Man kann also sagen, die Vögel vergessen nicht das für sie Wesentliche: Sie haben ein gutes Gedächtnis. Seit dem Archäopteryx haben sie diese ausgesprochen beneidenswerte Art, nicht herunterzufallen, die man fliegen nennt, nie verlernt.

Wenn wir aber das gute Gedächtnis des Spatzen bewundern, der wie sein Vorfahr, der Archäopteryx, fliegt, müssen wir gleichzeitig einen Mangel an Evolution kritisieren, das offensichtliche Fehlen von neuen Ideen. Etwas als konservativ zu bezeichnen, das noch genauso fliegt wie der Archäopteryx, scheint mir daher keine besonders grobe Beschimpfung zu sein. Konservativer Sperling!, rief Calvino in Gedanken aus. Nichts Neues, kein Motor, der plötzlich im Lauf der

Jahrtausende da war, nichts: Was die Fortbewegung angeht, herrscht hier erschreckende Monotonie.

Seit Millionen Jahren drückt sich seine Überwindung der Schwerkraft – die zu bewundern ist – immer gleich aus – was zu kritisieren ist.

Doch hier ergibt sich eine auf den ersten Blick widersinnige Frage – kennen die heutigen Vögel womöglich Laute, die der Archäopteryx nicht kannte? Können sie neue Melodien?

Unwahrscheinlich wäre es nicht, überlegte sich Herr Calvino, die Welt heute ist schließlich voller neuer Geräusche und Laute, die ausschließlich in das vergangene und das laufende Jahrhundert gehören: der Lärm startender Flugzeuge oder das Geräusch, das wir uns beim Betrachten der weißen Spur, die ein schon längst weitergeflogenes Flugzeug in der Luft hinterlassen hat, vorstellen; Druckmaschinen, die jeweils anders klingen, wenn ein Gedichtband gedruckt wird oder ein Essay – Maschinen verstehen etwas von Literatur! –; oder auch das Geräusch beim Umblättern eines Romans aus dem 21. Jahrhundert, das Geräusch eines Tischtennisballs, der über den Fliesenboden vier flinken, aber nun ungeschickten Händen entwischt; das gedämpfte Plastikgeräusch, wenn ein Becher aus drei Metern Höhe herunterfällt, unbeschadet, und nicht zerbricht, als sei nichts geschehen, oder, für die, die genau hinhören, der Laut eines Wimpernschlags, wenn ein Kind sich vergeblich bemüht, mit nur einem Auge zu zwinkern; Tausende Geräusche dieses Jahrhunderts letztendlich, die gewiss auch heutigen domestizierten Vögeln zu Gehör kommen und dann von diesen an Wildvögel weitergegeben werden, die sie beim Vorbeifliegen am Fenster hören. Ein Gehör, über das sie mit ihrem (zwar nicht ausgeprägten, aber doch vorhandenen, Raum einnehmenden, existierenden, funktionierenden) Hirn die Geräusche empfangen und weiterverarbeiten; also wäre es nicht verwunderlich, wenn Laute, die sie daraufhin ausstießen, aus dieser Verarbeitung stammten, denn schließlich stammt alles, was man wiedergibt, von dem, was man zuvor aufnehmen konnte – auch bei Vögeln.

Ja – könnte ein heutiger Sperling sagen, könnte er mit dem Archäopteryx von vor 147 Millionen Jahren von Angesicht zu Angesicht kommunizieren –, es stimmt, dass ich fliege, genau wie du; aber ich – würde der Spatz sagen – kenne neue Lieder.

Eines Morgens

Calvino, manchmal von Methoden besessen:

– Ich interessiere mich für dasselbe auf unterschiedliche Weise.

Manchmal von Dingen besessen:

– Ich interessiere mich für so viel Unterschiedliches gleich.

Manchmal verwirrt:

– Ich interessiere mich unterschiedlich für vieles zugleich.

Heute beim Aufwachen faul:

– Mich interessiert überhaupt nichts, das aber auf unterschiedliche Weise.

Er las nicht, schrieb nicht, dachte nicht, erzählte keine Geschichten und versuchte keine gedankliche Verbindung zwischen unterschiedlichen Dingen der Welt herzustellen: Er setzte sich, schaute auf seine Schuhe, kratzte sich am Kopf, legte sich aufs Sofa – erst zusammengerollt, dann ausgestreckt, den Kopf zur Seite, zur anderen Seite, erst auf den Rücken, dann auf den Bauch –, stand auf, ging in die Küche, trank ein Glas Wasser, sah aus dem Fenster, schaute, wie das Wetter war, machte das Fenster auf, streckte die Hand heraus, prüfte, wie kalt es war, spürte den Wind, machte es wieder zu, drehte an einer Schublade den Schlüssel gerade, öffnete einen Hemdknopf, ging wieder ins Wohnzimmer, setzte sich wieder aufs Sofa, entschlossen, sich einer bis dahin ungekannten Schläfrigkeit hinzugeben.

Noch eine Nachricht

Er schlug die Zeitung auf. Er ärgerte sich, aber nicht sehr. Für ihn stand schon lange fest:

– Dies ist kein Land, es ist eine Firma.

Dann blätterte er auf die hinteren Seiten und las folgende Meldung:

»Frau von kleinem Meteoriten erschlagen.

Eine 76-jährige Frau wurde im Garten ihres Hauses von einem (haselnussgroßen) Meteoriten erschlagen. Britische Wissenschaftler glauben, der Meteorit habe sich von einem zwischen Mars und Jupiter gelegenen Asteroiden gelöst.«

Interessant, sich vorzustellen, das Universum und manche seiner entferntesten Teile seien zu Schabernack aufgelegt wie ein sechsjähriges Kind – überlegte Calvino. Genau wie so ein unerträgliches Kind Wasser aus dem Fenster im ersten Stock schüttet, um damit die Glatze eines unglücklichen Passanten zu treffen, kennt auch das Universum Steinschleudern, wie es sie früher gab, und schießt ab und zu nur zum Spaß Steinchen auf eine Seniorin, die den Fehler begangen hat, aus dem Haus zu gehen, um sich im Garten um ihre drei Rosen zu kümmern.

Es ist keine Bosheit und auch kein Einschüchterungsversuch, sondern nichts als der sich äußernde Sinn für Humor des Universums. Auch der entfernteste Asteroid hat ein Recht auf sportliche Betätigung, würden manch besser Gebildete sagen.

Ein Brief von Calvino (aus dem Urlaub)

Verehrteste Anna, hier überlagern die Felder mit ihren kräftigen Halmen weiterhin mehr die Bewegung der sexuellen Betätigung als deren Geräusche. Es besteht also eine deutliche Diskordanz zwischen dem Laut und seinem Ursprung. Und insofern, als Lust ein das Fassbare übersteigender Überschwang ist, wird deutlich, wie das erregte sich Aufschwingen des Lauts daher zum eigentlichen Träger der Handlung wird und – über den Wind – die Gesichter so mancher Dörflerinnen erröten lässt, die aus dem Fenster zu sehen gedachten, doch letztendlich hören.

Dank der fruchtbaren Felder, die in diesen Momenten wie ein Vorhang sind, hinter dem sich junge Paare wie gut gestimmte Musikinstrumente für Gehörlose abmühen, stellen sich Fenster, meine liebe Anna, auf einmal als nutzlos heraus.

Den Rentnern helfen

Aus Versehen – so erzählte es Herr Calvino – blieb eine Dame in fortgeschrittenem Alter und Rentnerin, schon lang nicht mehr flink genug, um sich schnell vor- und zurückzubewegen, in einem Grundstückstor stecken, das sich durch eine Automatik betätigte, welche durchaus noch wie in jungen Tagen funktionierte. Die Alte sah sich nun also auf äußerst ungünstige Weise gefangen zwischen Innen und Außen des Anwesens. Genau in der Mitte.

– Und warum war sie da? – fragte Calvino in die Runde.

– Einfach – fuhr Calvino fort –, nach vielen Jahren ohne Kontakt zur Nachbarschaft hatte man sie unverhofft zum Tee eingeladen.

Zunächst freute sie sich – man ist immer froh, wenn man beachtet wird –, aber nun, das Tor genau zwischen den Schulterblättern, fühlte sie sich schon etwas unwohl.

Dann wunderte sie sich, dass Tage vergingen, ohne dass sich der Hausbesitzer nach ihr erkundigte.

Und obwohl es ein sehr großes Anwesen war, ging niemand ein oder aus, und deswegen blieb auch das Tor zu und presste ihren Leib gegen den Eisenrahmen.

Nach einer Woche bekam sie zum Nacken hin Kopfschmerzen.

Das Tor drückte weiter auf ihre Knochen, die vom Alter schon etwas geschwächt waren.

Wieso hatte man sie überhaupt eingeladen, wo sie doch offenbar niemand vermisste?

Der Löffel

Um seine Geduldsmuskulatur zu trainieren, legte Herr Calvino einen sehr kleinen Kaffeelöffel neben eine riesige Schaufel, wie man sie üblicherweise beim Bauen verwendet.

Dann setzte er sich ein unverhandelbares Ziel: einen Haufen Erde (50 Kilogramm Welt) von einem Punkt A nach Punkt B zu schaffen – zwei Punkte, 15 Meter voneinander entfernt.

Die Schaufel blieb dabei liegen, unangetastet, aber gut sichtbar. Calvino nahm den kleinen Kaffeelöffel, um den Haufen Erde von einem Punkt zum anderen zu schaffen, und hielt ihn dabei mit allen verfügbaren Muskeln. In dem winzigen Kaffeelöffel wirkte jedes noch so kleine Bisschen Erde wie von Calvinos stets wacher Neugier liebkost.

Indem er geduldig die Aufgabe meisterte, ohne je aufzugeben oder die Schaufel zu nehmen, glaubte Calvino mit einem einzigen winzigen Löffel gleich mehrere sehr große Dinge zu lernen.

A
B

Die Sonne

Calvino hielt ein Buch in der Hand, dessen Umschlag von der Sonne schon völlig vergilbt war. Was einmal tief grün gewesen war, hatte sich in ein leichtes, fast durchsichtiges Blassgrün verwandelt.

Er sah die anderen Bücher in seinem Regal. Alle verloren ihre ursprüngliche Farbe, als nagte das Sonnenlicht – ja, es sah wirklich aus wie das Werk eines klugen Nagers – die Buchrücken an.

Ein Buch zum Beispiel, das seit kaum einem Monat dort in der Wohnung stand, wo die Sonne zu manchen Stunden direkt hineinschien, sah sehr merkwürdig aus: Eine einzige Zeile im oberen Teil war verblasst, darunter hatte der Umschlag seine kräftige, ursprüngliche Farbe behalten. Aus welcher Gedankenverkettung auch immer musste Calvino an die unterschiedlichen Körperbereiche denken, die im Sommer durch Badekleidung verdeckt werden oder auch nicht.

Er betrachtete noch einmal sein Bücherregal und die farblosen Buchrücken, dann war ihm alles klar: der Ursprung des Phänomens, der wahre Grund dessen, was oberflächlich betrachtet für eine bloße chemische Reaktion gehalten wird, doch so einfach nicht ist. Calvino hatte es hier nicht mit einer schlichten Veränderung von Substanzen zu tun, sondern mit einem Willen, einem starken Willen, dessen Muskulatur allerdings nicht sehr ausgeprägt war. Und dieser ungenügende Wille kam von der Sonne: Die Sonne wollte die Bücher aufschlagen, konzentrierte ihr Licht mit aller Kraft auf den Umschlag des Buches, wollte es aufschlagen, eintauchen in die erste Seite, die Handlung verfolgen, über wichtige Sätze nachdenken, sich von Gedichten berühren lassen. Die Sonne wollte ganz einfach lesen, sehnte sich danach, wie ein Kind, das bald eingeschult wird.

Calvino überlegte. Er erinnerte sich nicht daran, je ein Buch gesehen zu haben, dessen Seiten der prallen Sonne ausgesetzt gewesen wären. Nicht selten kam es vor, dass jemand ein Buch unter freiem Himmel auf einem Tisch oder einer Gartenbank (oder durchaus auf dem Boden) liegen ließ, aber immer, so fiel es Calvino jetzt auf, mit dem Einband um seinen Inhalt, der den Zugang zu seinen wichtigsten Worten verwehrte.

Es war also höchste Zeit, etwas zu tun. Höchste Zeit, diesen zärtlichen Hauch zu erwidern, den das Sonnenlicht an manchen Tagen auf die Gesichter der Menschen legt, ruhig, aber sie vielleicht vor einer großen Tragödie bewahrend, vor Verzweiflung, womöglich davor, sich das Leben zu nehmen.

Noch einmal betrachtete Calvino die Bücher in seinem Regal, das genau in der Sonne stand. Schnell ließ er seinen Blick über die Buchrücken schweifen. Er suchte ein Buch, das er jemandem zu lesen anbieten konnte. Konzentriert suchte er nach dem geeigneten Buch; nicht eins, wohlgemerkt, das seiner eigenen Neigung entsprach, sondern dem Geschmack des anderen. Endlich zog er ein Buch heraus. Das ist ein gutes Buch für einen Erstleser!, rief Calvino im Stillen aus.

Er schlug es auf, auf der ersten Seite, überblätterte das Impressum (wen interessiert das schon?) und legte das Buch an der Stelle, an der die Handlung beginnt, offen dorthin, wohin normalerweise die Sonne traf:

(»Alice fing an, sich zu langweilen; sie saß schon lange bei ihrer Schwester am Ufer und hatte nichts zu tun.«)

Morgen wollte er wiederkommen und umblättern. Und an den Tagen darauf auch, bis das Ende des Buches erreicht wäre. Und wenn die Sonne dann immer noch versuchen würde, sich Zugang zu Büchern zu verschaffen, wollte Calvino dies respektieren und darin den dringenden Wunsch einer Leserin sehen, die zu lesen begonnen hat und nicht mehr aufhören kann.

In dem Fall wollte Calvino ein weiteres Buch heraussuchen und wieder in die Sonne legen, dann noch eins und noch eins, und jeden Tag wiederkommen, um noch vor Sonnenaufgang weiterzublättern.

Der Hund und die Stadt

Es ist einfach und schnell erzählt: Der Hund eines Nachbarn, genauer gesagt, von Herrn D., wurde blind. Krankheit und Alter.

Der Hund hatte sein Leben lang dort gelebt, war in der Gegend herumspaziert, immer umgeben von denselben Klängen, denselben Gerüchen, der Luft.

Herr Calvino bot an, abends den blinden Hund abzuholen und mit ihm an der Leine durch die Stadt spazieren zu gehen.

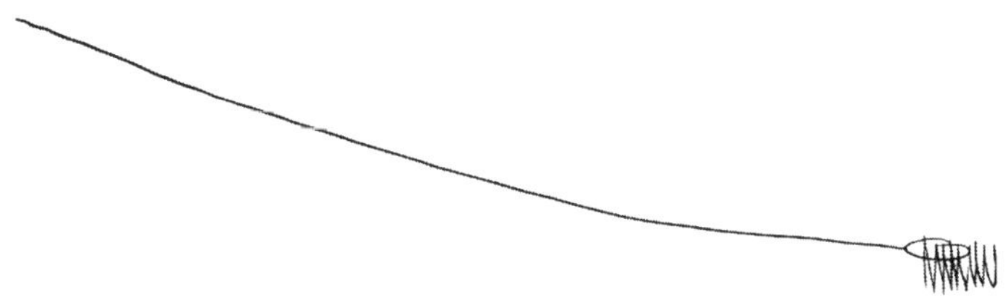

Ein Spaziergang mit Herrn Calvino

Manchmal erfreute er sich an Ideen und weniger an der Welt. Leben bedeutete – für Herrn Calvino – nicht nur, Erfahrung von menschlicher Nähe und Ferne zu machen, sondern für ihn hatte, wer sich keine Gedanken machte, nicht einmal ein eigenes Leben. Calvino spürte einen Gedanken durch seinen Kopf ziehen, wie kalte Luft, die man einatmet; ein Gefühl, das natürlich nicht greifbar ist, wie etwa ein Möbelstück, sondern nur ein kurzer, wenngleich aufregender Eindruck.

An manchen Tagen erfreute ihn sein Gehirn ausreichend, sodass er andere, belanglosere Empfindungen nicht aufkommen lassen musste. Zumindest nicht die kontrollierbaren.

Allerdings konnte er sich noch gut an das Unglück erinnern, das einem Freund widerfuhr, der wegen einer Gesichtslähmung immerzu lächelte, egal was passierte.

Laut einem Historiker, so fiel es Herrn Calvino auf einmal ein, ließ ein König – namens Mahmud – in neunundzwanzig Regierungsjahren siebzehn Mal Indien angreifen.

Er hatte geschworen, Indien jedes Jahr einmal zu überfallen, doch nicht immer entspricht die Wirklichkeit allen Plänen des menschlichen Herzens.

Im Lauf eines Lebens – überlegte Calvino – alles zu schaffen, erscheint einem viel, unermesslich und außerdem kaum zu verifizieren. Er wollte, da ihm das nicht gelang, wenigstens aber die Hälfte erledigen, was zudem den Vorteil hätte, ein konkretes Maß zu sein. Er würde also nicht, wie es sich manche sehr junge Schriftsteller noch vornahmen, alles schaffen, sondern nur halb so viel. Das hatte er gerade beschlossen.

Nun war er aufgewacht, und der ganze Tag lag noch ohne große Verpflichtungen vor ihm: wie auf einem Präsentierteller. Fürs Erste wollte er mit einer ungefähren Beschreibung der Genauigkeit anfangen. Eine anfängliche Irritation war für ihn unerlässlich, mit dem falschen Fuß aus dem Bett zu steigen, etwas nicht zu verstehen, eine durch etwas Überraschendes einsetzende Erwartung.

Er sah sich um. Nichts. Alles wie erwartet.

Da erinnerte er sich an ein absurdes Gespräch:

– Ich bin traurig, weil mein Gesicht traurig ist.

– Ist das der einzige Grund?

– Ja.

Aber wie?, so einfach ist der Mensch nicht. Traurig sein war nicht nur ein Gesichtsausdruck (dachte sich Calvino), sondern mehr als das.

Am Vorabend zum Beispiel war Calvino auf einen Hocker gestiegen.

– Wo sind Sie? – hatte der blinde Herr Bettini gefragt, bei dem er zu Besuch war.

– Auf einem Hocker – hatte Herr Calvino geantwortet.

Wie man jemanden nach der Uhrzeit fragt, hatte Herr Bettini daraufhin und auf seine rüde Art wissen wollen:

– Können Sie von dort, wo Sie sind, deutlich unterscheiden, was Götter sind und was weidende Schafe?

– Wie bitte? – hatte Calvino erstaunt gefragt.

Wieso fiel ihm das gerade jetzt ein? Er wusste es nicht.

Das Gedächtnis ist nicht nur ein einfacher Speicher für altes Zeug, zu dem er den Schlüssel besaß. Also fuhr er ohne Erklärung fort.

In der Tat hatte er das Gefühl, an manchen Tagen eine seltsame Figur zu sein.

Er sah sich als einen Pilger, doch er hatte weder ein Ziel noch eine Landkarte.

Er wollte geradeaus ohne Umwege dorthin, wo man sich verlaufen konnte.

Gleich früh am Morgen hatte Calvino über die einzige Maschine, die er im Haus hatte, gesagt, ganz so, als meinte er damit die Welt:

– Sie war sowieso lange schon nicht in Ordnung, und jetzt ist sie ganz kaputt.

Im Gegenzug war es nun fast schon Mittag. Die Zeit verfliegt.

Calvino, das muss noch gesagt werden, blieb nicht gern stehen (um Schaufenster zu betrachten?) – er ging gern.

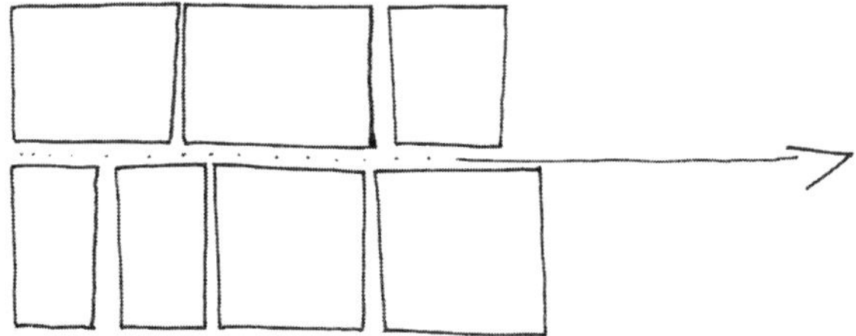

Er ging nicht gern schneller und auch nicht gern langsamer.

Wenn er zu spät war, beeilte er sich nicht, sondern kam zu spät.

Und er hasste es, zu warten. Deswegen änderte er, wenn er zu früh war zu einer Verabredung, zwar nicht den Weg, aber die Strecke. Er blieb nie stehen. Er nahm immer noch dieselbe Straße, nur anders.

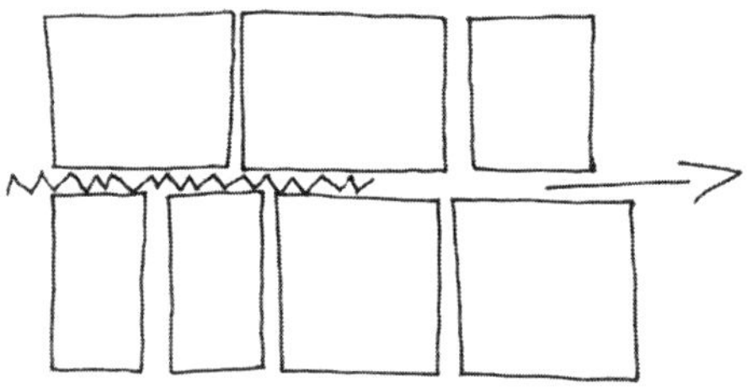

Wenn er viel zu früh war, ging er so

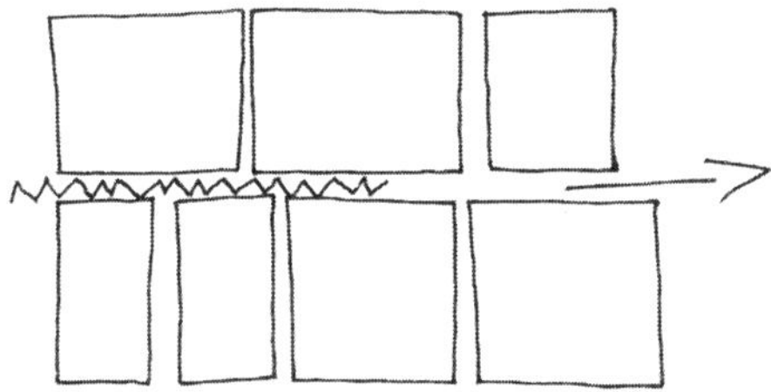

Und wenn er wirklich viel, viel zu früh war, ging er so

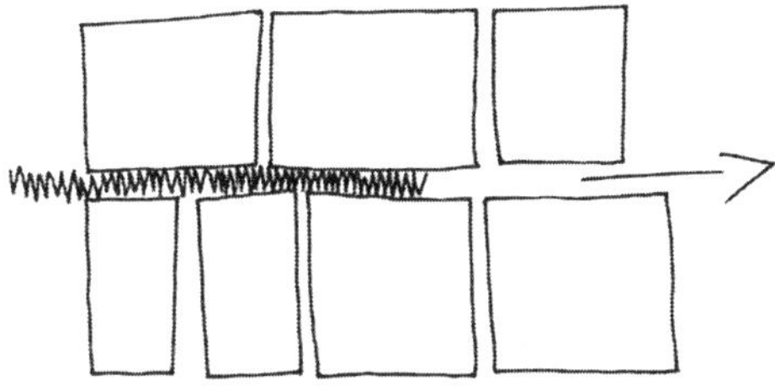

Nun war er schon heiteren Schrittes unterwegs, als sei seine (gesichtslose) Beinmuskulatur millimetergenau je nach guter oder schlechter Laune einstellbar. Seine Füße waren tatsächlich sehr gut gelaunt, man kann es nicht anders sagen.

Da begegnete ihm ein Pärchen, das lippenknabbernd und sich aus weniger als einem Zentimeter Entfernung Worte zuflüsternd Spaß auf dem winzigen Raum hatte, wo offenbar ein Vergnügungspark aufgebaut worden war, den nur andere Augen nicht sahen.

Calvino fiel vor allem das tadellos dumme Gesicht des Mannes auf. Es mangelt ihm an Gedanken – dachte Calvino –, aber im Augenblick fehlt ihm das nicht: Er ist verliebt.

Dann interessierte er sich für seinen eigenen Herzschlag, als handelte es sich dabei um eine regelmäßige, gleichförmige Melodie. Eine Hand auf der Brust und mit gespitzten Ohren horchte Calvino der eintönigen Musik in dem vollen Bewusstsein, dass sie es war, die es ihm erlaubte, zu sein. Die Wiederholung rettete den Organismus von innen heraus, aber draußen war jederzeit mit Überraschungen, Einbrüchen, Zusammenbrüchen, plötzlichen Sprüngen und anderen Unwägbarkeiten zu rechnen.

Calvino konnte sich sozusagen nicht daran erinnern, was morgen an Neuem auf ihn zukommen würde – und das machte ihn froh. Er hatte vergessen, was am nächsten Tag sein würde – und dieses Vergessen, das man gemeinhin als Unfähigkeit, in die Zukunft zu schauen, bezeichnet, war eine Art existenzieller Bezugsrahmen.

Natürlich beging er nicht solche Fehler wie:

eine (sehr teure) Eintrittskarte für etwas zu kaufen, wo man nicht hingehört.

Plötzlich allerdings wurde er unterbrochen. Wenn man nachdenkt (überlegte Calvino), wird man unterbrochen, als hätte man gar nichts zu tun, man wird angesprochen wie ein Faulpelz:

– Mein Herr … wie komme ich zur Rua Le Grand?

Calvino antwortete unmittelbar:

– Die erste rechts, dann die zweite links. Die Straße dann immer geradeaus bis zum Ende, da ist es. Ein langer Weg – brummte er solidarisch dem Mann zu, der nach dem Weg gefragt hatte.

Der Mann dankte und ging.

Calvino hatte nicht die geringste Ahnung, wo die Rua Le Grand war.

Calvino hatte nicht genug Sprache, um sich auch nur einen Tag lang nichts auszudenken (manche nennen es lügen). Er zuckte mit den Schultern. Es war keine Rache gewesen, Calvino war viel zu höflich für derlei Gefühle, es war einfach nur die Erwiderung einer feinen Unhöflichkeit, diese Unart der aus den Fugen geratenen Welt, plötzlich beim Denken mit der Bitte um Aufklärung an einen heranzutreten.

– So ist es, nur anders herum.

So erklärte Calvino es den Leuten am liebsten.

Nur hatte er nicht die Zeit gehabt, es auch dem netten Herrn so zu erklären. Es ist, wie ich sage, nur anders herum. Er hatte kein schlechtes Gewissen deswegen; ganz sicher nicht: Die Leute dazu zu bringen, sich im Stadtviertel zu verirren, war ein großzügiger Akt der Freundlichkeit. Wie man sich daran freut, einen Film zu zeigen oder ein Buch, das einem gefallen hat, wusste Calvino, dass die Leute, wenn sie geradewegs ohne Umweg dorthin gingen, wohin sie gelangen wollten, nie die Gelegenheit hätten, Ecken zu sehen und zu entdecken, auf die nur Personen stoßen, die sich verlaufen haben.

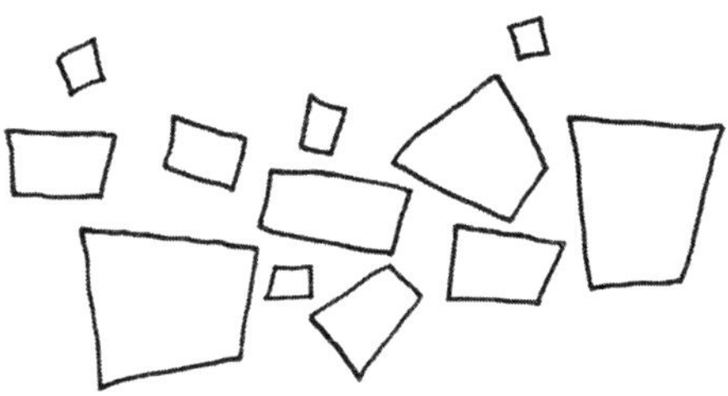

Außerdem wusste er lange schon, dass die Welt intolerant war.

Man konnte den ganzen Tag lang lügen, aber nie ausschließlich den ganzen Tag lang die Wahrheit sagen. Alle zwischenmenschlichen, gesellschaftlichen und sogar zwischenstaatlichen Beziehungen würden auseinanderfallen.

Calvino wusste auch, dass in einen Satz nie die gesamte Wahrheit hineinpasst; sie lässt sich nicht schreiben oder buchstabieren, sondern muss sich ereignen. Wie ein Erdbeben oder eine zufällige Begegnung mit einem Freund an der Straßenecke. Die Wahrheit kann weder lesen noch schreiben, das wusste Calvino.

Und nun stand da buchstäblich an der nächsten Ecke ein alter Freund: das Stadtmuseum.

Und wo er schon einmal vor dem Museum stand, warum ging er nicht hinein?

Aber dieses Museum war merkwürdig.

Wer an einen Ort kommt, wo Musikinstrumente ausgestellt sind, bekommt das unangenehme Gefühl, nicht zu hören. Calvino klopfte sich drei Mal gegen das rechte Ohr, dann gegen das linke. Nein, das hier ließ sich nur betrachten.

Ausgestellte Musikinstrumente und im nächsten Raum Bilder (in Schaukästen) für Blinde.

Als seien die Sinnesorgane umgefallen und der Museumsdirektor hätte bei dem Versuch, sie wieder aufzustellen, Ort und Funktion durcheinandergebracht.

Im nächsten Raum waren Fotografien großer Künstler vergangener Jahrhunderte ausgestellt.

Eine einfache Rechnung – überlegte Calvino – lässt uns ein unlösbares Rätsel lösen: Die Anzahl der nach ihrem Tod als »groß« angesehenen Künstler ist größer als die Zahl derer, die noch zu Lebzeiten als solche betrachtet wurden.

Der einzig nüchterne Schluss daraus ist, dass der Tod gut für die Kunst ist. Wären alle Künstler unsterblich, hätten wir vielleicht immer noch keinen einzigen »großen« Künstler.

Ein Glück, dass sie nicht unsterblich sind, wenn man es so sagen will – dachte sich Herr Calvino.

Ein Haar auf einem Gemälde – wie ihn das faszinierte!

Wie Köche fast unweigerlich dazu neigen, kapillare Signaturen auf ihren Kunstwerken zu hinterlassen, so tat dies hier offenbar auch der Künstler. Eine andere Art Unterschrift.

Dieses bemerkenswerte Ereignis – ein Maler, der wie unter einer dicken Schicht Farbe erdrückt ein Haar von sich hinterließ, ein Haar aus dem 18. Jahrhundert – muss bei Calvino innerlich einen Richtungswechsel ausgelöst haben, denn nun fiel ihm eine Kindergeschichte ein. Die Geschichte geht so:

Die Prinzessin kämmte gerade den König, ihren Vater, da entdeckte sie zwischen den Haaren einen Floh.

Der König sagte zu ihr:

– Töte ihn nicht, denn wenn er groß wird, kann er einmal sehr nützlich sein.

Nun gut, also der Floh wurde größer und nach und nach zu einem Prinzen.

Die Prinzessin verliebt sich, sie heiraten, und nach Jahren werden sie langsam alt, und der Prinzessin fällt auf, dass ihr Ehemann ganz genau so geworden ist, wie ihr Vater war.

Der frühere Prinz, der nun König war, hatte inzwischen auch eine Tochter, die ihm das Haar kämmte.

Auch die Prinzessin der zweiten Generation fand einen Floh und fragte ihren Vater, den König:

– Soll ich ihn töten oder groß werden lassen?

Der König wollte gerade antworten, da unterbrach ihn die Königin und rief ihrer Tochter zu:

– Töte ihn, so schnell wie möglich!

Nun, eine gute Antwort, dachte Calvino: Töte ihn so schnell wie möglich! Wenn alle Probleme der Welt nur Beziehungsprobleme wären, wäre alles einfacher. Das Hauptproblem war ein anderes.

Es ging vor allem darum, Unkontrollierbares zu ermessen. Das war die große Frage. Quantifizieren, was nicht zu beschreiben ist.

– Ich kann das, was ich sehe, nicht benennen, aber rechnen kann ich.

So dachte Calvino manchmal.

Oder besser:

– Ich kann etwas, das ich sehe, nicht benennen, aber ich kann es zählen.

Anstatt zu begreifen oder zu erklären, berechnen.

Wäre Calvino zum Beispiel gerade umgeben von vielen unförmigen Dingen, deren Daseinszweck ihm nicht bekannt wäre, könnte er sich immer noch damit beruhigen, dass er sie zählen könnte: eins, zwei, drei, vier, fünf, sechs, sieben, acht: acht Dinge, die ich nicht kenne!

Und diese vertraute Zahl: 8, war beruhigend. Eins, zwei, drei … acht Ungeheuer. Wenigstens haben wir in dieser Situation eine verlässliche Zahl, dachte Calvino.

Da stand ihm plötzlich, ohne dass er nach ihr gerufen hätte, die Welt wieder klar vor Augen. Fast wäre Calvino gestolpert.

Ein Kanaldeckel, der im Bürgersteig nicht ganz dort lag, wo er liegen sollte, hätte Calvino beinahe zu Fall gebracht. Calvino blieb stehen und schaute hinein: unterschiedliche Rohre, manche im Kreis, andere, als hätte jemand einen Parcours eingerichtet, auf dem sich Wasser noch einmal sportlich betätigen konnte, bevor es sich aus dem Wasserhahn nützlich machte.

Da erinnerte er sich an die Beziehung eines gewissen Herrn zu Löchern.

Dieser Mann schaute erst hoch, dann nach beiden Seiten, um sich zu vergewissern, dass keine Gefahr drohte.

Erst wenn er sich vollkommen sicher fühlte, ließ er sich fallen.

Gut, aber das war nicht der Moment, um sich fallen zu lassen.

Also tat Calvino, was man in etwa beschreiben kann als:

Sieben Ansätze zum Abschluss einer einzigen Sache.

Allerdings wollte der Kanaldeckel nicht auf das Loch passen, für das er gedacht war. Also legte Calvino den schweren Deckel freundlich in die Hand eines Polizisten, nicht ohne vorher mit ihm einen kurzen Wortwechsel geführt zu haben:

– Das gehört Ihnen.

– Nein, Ihnen.

– Mir? Nein. Ihnen.

Der Wortwechsel mit dem Polizisten führte bei ihm zu einem leichten, aber doch anhaltenden Schmerz im Daumen. Der Fehler, sich mit einem Eisendeckel in der Hand eine intellektuelle Auseinandersetzung zu liefern – diesen Fehler würde er nie mehr begehen.

Tatsächlich war sein Daumen nun quasi intellektuell verletzt. Er bewegte ihn vor und zurück, dann nach rechts und links, um festzustellen, ob es letztendlich zu einem Bruch oder Riss gekommen war.

Die Beweglichkeit seines Daumens hat es dem Menschen ermöglicht, die Welt zu erobern – wusste Herr Calvino –, doch der bewegliche Daumen des Bösen ließ sich ebenso gut auch für amouröse Avancen nutzen. Und diese Verwirrung und Mischung aus Gut und Böse, Schmerz und Vergnügen war bei Weitem nicht die einzige auf der Welt.

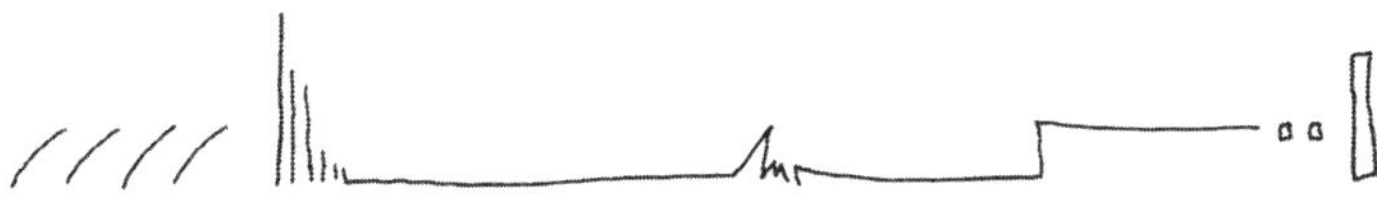

– Wie geht es Ihnen, verehrte Dame?

Stets höflich, der Herr Calvino. Doch diese Begegnung ließ ihn unweigerlich an eine eher unangenehme Geschichte denken. An die außergewöhnlich hässliche Frau, die (an der

Grenze) festgehalten wurde, da man sie bezichtigte – das Verbrechen lag klar auf der Hand –, Furcht und Schrecken über die Grenze zu bringen.

Da man sie in dem Land, aus dem sie kam, aber auch nicht wollte, blieb sie für immer im Niemandsland zwischen den Ländern, dem neutralen Ort, der mit Leere, Langeweile, Hässlichkeit und anderen Schrecken der Zivilisation eher umgehen kann.

– Geht es Ihnen gut, meine Dame?

Calvino war mit einer verstörenden Höflichkeit ausgestattet. Bei gesellschaftlichen Zusammenkünften auch in fremden Häusern setzte er sich so schnell wie möglich nacheinander auf alle mögliche Stühle, solange noch niemand sonst Platz genommen hatte – was unhöflich wirkte, doch tatsächlich probierte Calvino sie aus – die Stühle –, um dann sachkundig den bequemsten und würdigsten dem verdientesten Anwesenden anzubieten. Er war kein Weinkoster, er war ein Stuhlinspizient.

Calvino verabschiedete sich also in aller gebotenen Höflichkeit von der Dame und zog ein paar Meter weiter ein kleines Papier aus der Tasche und schrieb sich Folgendes auf:

Provinziell

– *räumlich*

– zeitlich.

In räumlicher Hinsicht provinziell ist, dachte er, wer die vierzig Quadratmeter um sich herum auf sich einwirken lässt oder versucht, auf sie einzuwirken. Zeitlich provinziell ist, wer noch unter dem Eindruck des Vorabends versucht, wenn überhaupt, Einfluss auf die nächsten zwei Tage zu nehmen.

Daraufhin musste er an die Figur denken, die der Schriftsteller T. beschreibt, die dermaßen schielte, dass sie am Mittwoch gleich zwei Sonntage sehen konnte. Und Calvino dachte: Das ist wirklich einmal ein wacher Blick.

Aber nun, bereits gegen Abend und weit hinten in einer sehr engen Straße, schaute Calvino nach rechts und links. Es waren eindeutig zwei parallele Geraden, und er stand zufällig oder glücklicherweise genau dazwischen.

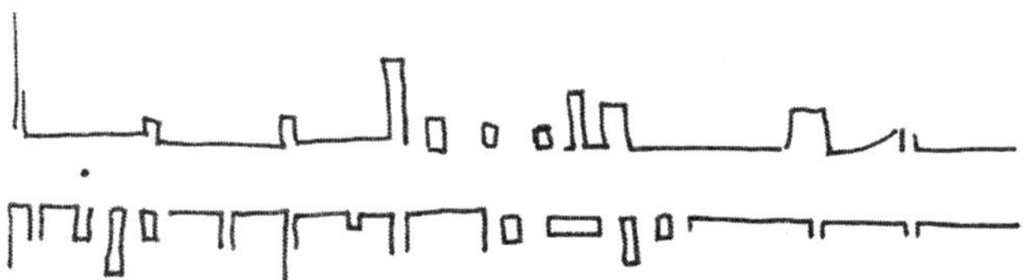

Er ging weiter.

Zwei genau parallele Geraden und er dazwischen. Was für ein Glück. Zwei parallele Geraden!

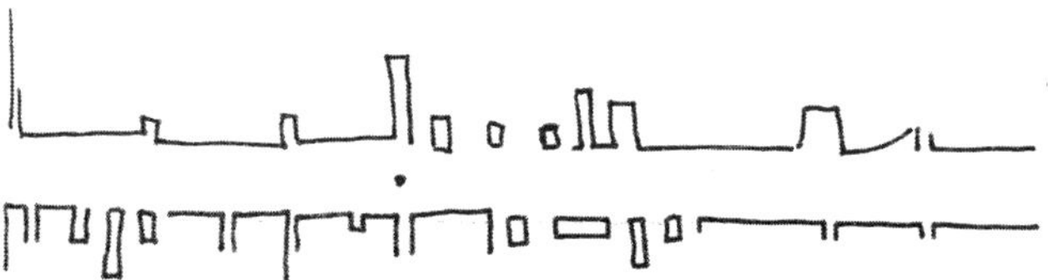

Aber nach und nach veränderte es sich …

und veränderte sich

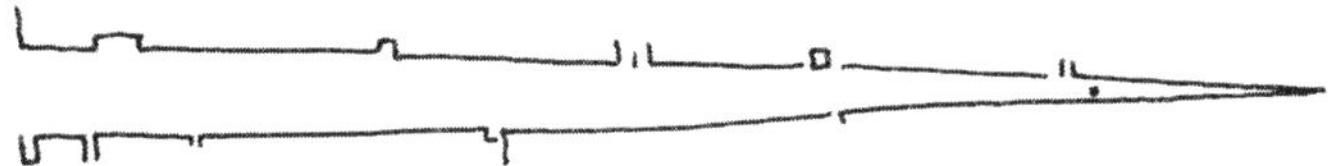

Also blieb Herr Calvino stehen (auch weil es nicht mehr weiterging).

Er hatte gefunden, was viele suchten: die Unendlichkeit.

Er schrieb sich die Adresse in sein Notizbuch.

Sie lag tatsächlich am Ende der Rua Le Grand.

Literatur ist für Gonçalo M. Tavares mit der Idee eines offenen Raums verbunden, der Bewegung, Spiel und Erkenntnis ermöglicht. So hat der Autor ein ganzes Viertel erschaffen und dieses mit illustren Herrschaften bevölkert; wir stoßen auf Namen wie Brecht, Breton, Eliot oder Walser. Jeder von ihnen ist Bewohner eines eigenen kleinen Buches, das die Sprache des jeweiligen Schriftstellers und seine spezifische Sicht auf die Welt aufnimmt, um sie mit alltäglichen Problemen kollidieren zu lassen.

Herr Calvino ist jemand, der gerne lange Spaziergänge unternimmt und sich dabei existenziellen Herausforderungen stellt, wie z. B. eine Metallstange parallel zum Boden durch die Gegend zu tragen oder zehn Kilo Erde mit einem Teelöffel von einem Ort zum anderen zu befördern, um die Geduld zu trainieren. Er führt einen blinden Hund spazieren, er erfindet Fenstervorhänge zum Zuknöpfen, damit die Wirklichkeit nicht mehr etwas »zu jeder Zeit frei Verfügbares« sei, und er praktiziert allerlei Übungen, um seine besonderen technischen und metaphysischen Fähigkeiten zu vervollkommnen.

Der sechste Band aus dem faszinierenden zehnteiligen Zyklus »Das Viertel« von Gonçalo M. Tavares ist eine spielerische Hommage an den italienischen Autor Italo Calvino. In einer der Kürzestgeschichten beschließen Herr Calvino und Herr Duchamp, dass das unklare Spiel, das sie gerade gespielt haben, Regeln haben soll. Sie kommen überein, jeweils abwechselnd zehn Regeln vorzuschlagen, damit der Gewinner ermittelt werden kann. »Und jeder versuchte, es so auszulegen, dass er selbst, wenn auch im Nachhinein, Sieger wäre.«

Gonçalo M. Tavares
geb. 1970 in Luanda, Angola, wuchs in Aveiro im Norden von Portugal auf. Er unterrichtet Erkenntnistheorie an der Universität in Lissabon. Seit seinem Debüt im Jahr 2001 gilt er als eine der großen Überraschungen der jüngeren portugiesischen Literatur. Sein breitgefächertes Werk wurde weltweit in über 30 Sprachen übersetzt und binnen kurzer Zeit mit einer beeindruckenden Zahl an hohen internationalen Auszeichnungen beehrt, darunter der Prémio Literário José Saramago 2005 und der Prix du Meilleur Livre étranger 2010 in Frankreich, wo auch die Gesamtausgabe von »Das Viertel« mit dem renommierten Prix Laure-Bataillon für die beste Übersetzung 2021 gewürdigt wurde.

In dreißig Jahren, wenn nicht schon früher, wird Tavares den Nobelpreis gewinnen, und ich bin sicher, meine Vorhersage wird sich erfüllen … Tavares hat kein Recht, im Alter von 35 Jahren so gut zu schreiben. Man möchte ihn schlagen!

José Saramago

Rachel Caiano
geb. 1977, ist bildende Künstlerin und Illustratorin mit Ausbildung in darstellender Kunst und Architektur. Sie illustriert Bücher unterschiedlicher literarischer Gattungen und arbeitet regelmäßig für Zeitschriften. Mehrere von ihr illustrierte Kinderbücher wurden in die jährlich erscheinende internationale Bestenliste »The White Ravens« aufgenommen.

Folgende weitere Bände des zehnteiligen Zyklus »Das Viertel« von Gonçalo M. Tavares sind bereits erschienen:

In den 25 Geschichten vom Herrn Valéry zeichnet Tavares das Porträt eines Mannes, der sich mithilfe der Logik mehr oder weniger erfolgreich an seine Umgebung anzupassen versucht. Ein Unterfangen, das zeigt, wie dünn die Grenze zwischen Vernunft und Wahnsinn ist.

Herr Henri ist ein Redner. Er hat zwei große Lieben: Absinth und Enzyklopädien. Solange das Absinth-Trinken anhält, redet er über die verschiedensten enzyklopädischen Themen. Seine Mitteilungen scheinen die Gesprächspartner nicht zu interessieren, doch das ist kein ausreichender Grund für Herrn Henri, den Mund zu halten. Mit zunehmender Dauer entfaltet der Absinth seine Wirkung.

Der Herr Brecht von Herrn Tavares ist ein Geschichtenerzähler, der in einem praktisch leeren Raum sitzt und düstere Schnurren zum Besten gibt. Mit dem kontinuierlichen Beschreiben von Misserfolgen wird er aber immer erfolgreicher. Allmählich füllt sich der Saal, bis er dermaßen voll ist, dass niemand mehr durch die Tür passt – und so steckt Herr Brecht mit seinem eigenen Erfolg in der Falle.

Herr Juarroz ist ein Eigenbrötler, ein notorischer Theoretiker, dem das praktische Leben zu schaffen macht. Da die Wirklichkeit für ihn eine verdrießliche Angelegenheit ist, hört er nur auf zu denken, wenn es unbedingt sein muss. Zum Glück ist da noch die Frau von Herrn Juarroz, die größeres Unheil abzuwenden weiß.

Herr Kraus, ein heutiges Double des kakanischen Karl Kraus als Zeitungsredakteur, hat erkannt, dass »Satire die einzig objektive Art und Weise ist, sich über Politik zu äußern«. Und so schreibt er seine Kolumnen und versieht die strapazierten Schlagworte, Gemeinplätze und die Verhaltensweisen der politischen Akteure mit beißendem Spott.